全国人民代表大会常务委员会公报版

中华人民共和国
增值税法

中国民主法制出版社

图书在版编目（CIP）数据

中华人民共和国增值税法/全国人大常委会办公厅供稿. —北京：中国民主法制出版社，2025.1.
ISBN 978-7-5162-3824-0

Ⅰ.D922.229

中国国家版本馆 CIP 数据核字第 2025DX0130 号

书名/中华人民共和国增值税法

出版·发行/中国民主法制出版社
地址/北京市丰台区右安门外玉林里 7 号 （100069）
电话/（010）63055259（总编室）　63058068　63057714（营销中心）
传真/（010）63055259
http://www.npcpub.com
E-mail:mzfz@npcpub.com
经销/新华书店
开本/32 开　850 毫米×1168 毫米
印张/1　字数/17 千字
版本/2025 年 1 月第 1 版　2025 年 1 月第 1 次印刷
印刷/三河市宏图印务有限公司

书号/ISBN 978-7-5162-3824-0
定价/8.00 元
出版声明/版权所有，侵权必究。

（如有缺页或倒装，本社负责退换）

目 录

中华人民共和国主席令（第四十一号）…………（1）

中华人民共和国增值税法 ……………………（3）

关于《中华人民共和国增值税法（草案）》的
　　说明 ……………………………………………（15）

全国人民代表大会宪法和法律委员会关于
　　《中华人民共和国增值税法（草案）》
　　修改情况的汇报 ………………………………（19）

全国人民代表大会宪法和法律委员会关于
　　《中华人民共和国增值税法（草案）》
　　审议结果的报告 ………………………………（23）

全国人民代表大会宪法和法律委员会关于
　　《中华人民共和国增值税法（草案三次
　　审议稿）》修改意见的报告 ……………………（26）

中华人民共和国主席令

第四十一号

《中华人民共和国增值税法》已由中华人民共和国第十四届全国人民代表大会常务委员会第十三次会议于2024年12月25日通过，现予公布，自2026年1月1日起施行。

中华人民共和国主席　习近平
2024年12月25日

中华人民共和国增值税法

(2024年12月25日第十四届全国人民代表大会常务委员会第十三次会议通过)

目 录

第一章 总　　则
第二章 税　　率
第三章 应纳税额
第四章 税收优惠
第五章 征收管理
第六章 附　　则

第一章 总　　则

第一条 为了健全有利于高质量发展的增值税制

度，规范增值税的征收和缴纳，保护纳税人的合法权益，制定本法。

第二条 增值税税收工作应当贯彻落实党和国家路线方针政策、决策部署，为国民经济和社会发展服务。

第三条 在中华人民共和国境内（以下简称境内）销售货物、服务、无形资产、不动产（以下称应税交易），以及进口货物的单位和个人（包括个体工商户），为增值税的纳税人，应当依照本法规定缴纳增值税。

销售货物、服务、无形资产、不动产，是指有偿转让货物、不动产的所有权，有偿提供服务，有偿转让无形资产的所有权或者使用权。

第四条 在境内发生应税交易，是指下列情形：

（一）销售货物的，货物的起运地或者所在地在境内；

（二）销售或者租赁不动产、转让自然资源使用权的，不动产、自然资源所在地在境内；

（三）销售金融商品的，金融商品在境内发行，或者销售方为境内单位和个人；

（四）除本条第二项、第三项规定外，销售服务、无形资产的，服务、无形资产在境内消费，或者销售方为境内单位和个人。

第五条 有下列情形之一的，视同应税交易，应当依照本法规定缴纳增值税：

（一）单位和个体工商户将自产或者委托加工的货

物用于集体福利或者个人消费；

（二）单位和个体工商户无偿转让货物；

（三）单位和个人无偿转让无形资产、不动产或者金融商品。

第六条 有下列情形之一的，不属于应税交易，不征收增值税：

（一）员工为受雇单位或者雇主提供取得工资、薪金的服务；

（二）收取行政事业性收费、政府性基金；

（三）依照法律规定被征收、征用而取得补偿；

（四）取得存款利息收入。

第七条 增值税为价外税，应税交易的销售额不包括增值税税额。增值税税额，应当按照国务院的规定在交易凭证上单独列明。

第八条 纳税人发生应税交易，应当按照一般计税方法，通过销项税额抵扣进项税额计算应纳税额的方式，计算缴纳增值税；本法另有规定的除外。

小规模纳税人可以按照销售额和征收率计算应纳税额的简易计税方法，计算缴纳增值税。

中外合作开采海洋石油、天然气增值税的计税方法等，按照国务院的有关规定执行。

第九条 本法所称小规模纳税人，是指年应征增值税销售额未超过五百万元的纳税人。

小规模纳税人会计核算健全，能够提供准确税务资料的,可以向主管税务机关办理登记,按照本法规定的一般计税方法计算缴纳增值税。

根据国民经济和社会发展的需要,国务院可以对小规模纳税人的标准作出调整,报全国人民代表大会常务委员会备案。

第二章 税 率

第十条 增值税税率:

(一)纳税人销售货物、加工修理修配服务、有形动产租赁服务,进口货物,除本条第二项、第四项、第五项规定外,税率为百分之十三。

(二)纳税人销售交通运输、邮政、基础电信、建筑、不动产租赁服务,销售不动产,转让土地使用权,销售或者进口下列货物,除本条第四项、第五项规定外,税率为百分之九:

1. 农产品、食用植物油、食用盐;
2. 自来水、暖气、冷气、热水、煤气、石油液化气、天然气、二甲醚、沼气、居民用煤炭制品;
3. 图书、报纸、杂志、音像制品、电子出版物;
4. 饲料、化肥、农药、农机、农膜。

(三)纳税人销售服务、无形资产,除本条第一项、第二项、第五项规定外,税率为百分之六。

(四)纳税人出口货物,税率为零;国务院另有规定的除外。

（五）境内单位和个人跨境销售国务院规定范围内的服务、无形资产，税率为零。

第十一条 适用简易计税方法计算缴纳增值税的征收率为百分之三。

第十二条 纳税人发生两项以上应税交易涉及不同税率、征收率的，应当分别核算适用不同税率、征收率的销售额；未分别核算的，从高适用税率。

第十三条 纳税人发生一项应税交易涉及两个以上税率、征收率的，按照应税交易的主要业务适用税率、征收率。

第三章　应纳税额

第十四条 按照一般计税方法计算缴纳增值税的，应纳税额为当期销项税额抵扣当期进项税额后的余额。

按照简易计税方法计算缴纳增值税的，应纳税额为当期销售额乘以征收率。

进口货物，按照本法规定的组成计税价格乘以适用税率计算缴纳增值税。组成计税价格，为关税计税价格加上关税和消费税；国务院另有规定的，从其规定。

第十五条 境外单位和个人在境内发生应税交易，以购买方为扣缴义务人；按照国务院的规定委托境内代理人申报缴纳税款的除外。

扣缴义务人依照本法规定代扣代缴税款的，按照销售额乘以税率计算应扣缴税额。

第十六条　销项税额，是指纳税人发生应税交易，按照销售额乘以本法规定的税率计算的增值税税额。

进项税额，是指纳税人购进货物、服务、无形资产、不动产支付或者负担的增值税税额。

纳税人应当凭法律、行政法规或者国务院规定的增值税扣税凭证从销项税额中抵扣进项税额。

第十七条　销售额，是指纳税人发生应税交易取得的与之相关的价款，包括货币和非货币形式的经济利益对应的全部价款，不包括按照一般计税方法计算的销项税额和按照简易计税方法计算的应纳税额。

第十八条　销售额以人民币计算。纳税人以人民币以外的货币结算销售额的，应当折合成人民币计算。

第十九条　发生本法第五条规定的视同应税交易以及销售额为非货币形式的，纳税人应当按照市场价格确定销售额。

第二十条　销售额明显偏低或者偏高且无正当理由的，税务机关可以依照《中华人民共和国税收征收管理法》和有关行政法规的规定核定销售额。

第二十一条　当期进项税额大于当期销项税额的部分，纳税人可以按照国务院的规定选择结转下期继续抵扣或者申请退还。

第二十二条　纳税人的下列进项税额不得从其销项

税额中抵扣：

（一）适用简易计税方法计税项目对应的进项税额；

（二）免征增值税项目对应的进项税额；

（三）非正常损失项目对应的进项税额；

（四）购进并用于集体福利或者个人消费的货物、服务、无形资产、不动产对应的进项税额；

（五）购进并直接用于消费的餐饮服务、居民日常服务和娱乐服务对应的进项税额；

（六）国务院规定的其他进项税额。

第四章　税收优惠

第二十三条　小规模纳税人发生应税交易，销售额未达到起征点的，免征增值税；达到起征点的，依照本法规定全额计算缴纳增值税。

前款规定的起征点标准由国务院规定，报全国人民代表大会常务委员会备案。

第二十四条　下列项目免征增值税：

（一）农业生产者销售的自产农产品，农业机耕、排灌、病虫害防治、植物保护、农牧保险以及相关技术培训业务，家禽、牲畜、水生动物的配种和疾病防治；

（二）医疗机构提供的医疗服务；

（三）古旧图书，自然人销售的自己使用过的物品；

（四）直接用于科学研究、科学试验和教学的进口仪器、设备；

（五）外国政府、国际组织无偿援助的进口物资和设备；

（六）由残疾人的组织直接进口供残疾人专用的物品，残疾人个人提供的服务；

（七）托儿所、幼儿园、养老机构、残疾人服务机构提供的育养服务，婚姻介绍服务，殡葬服务；

（八）学校提供的学历教育服务，学生勤工俭学提供的服务；

（九）纪念馆、博物馆、文化馆、文物保护单位管理机构、美术馆、展览馆、书画院、图书馆举办文化活动的门票收入，宗教场所举办文化、宗教活动的门票收入。

前款规定的免税项目具体标准由国务院规定。

第二十五条　根据国民经济和社会发展的需要，国务院对支持小微企业发展、扶持重点产业、鼓励创新创业就业、公益事业捐赠等情形可以制定增值税专项优惠政策，报全国人民代表大会常务委员会备案。

国务院应当对增值税优惠政策适时开展评估、调整。

第二十六条　纳税人兼营增值税优惠项目的，应当单独核算增值税优惠项目的销售额；未单独核算的项目，不得享受税收优惠。

第二十七条　纳税人可以放弃增值税优惠；放弃优惠的，在三十六个月内不得享受该项税收优惠，小规模纳税人除外。

第五章　征收管理

第二十八条　增值税纳税义务发生时间，按照下列规定确定：

（一）发生应税交易，纳税义务发生时间为收讫销售款项或者取得销售款项索取凭据的当日；先开具发票的，为开具发票的当日。

（二）发生视同应税交易，纳税义务发生时间为完成视同应税交易的当日。

（三）进口货物，纳税义务发生时间为货物报关进口的当日。

增值税扣缴义务发生时间为纳税人增值税纳税义务发生的当日。

第二十九条　增值税纳税地点，按照下列规定确定：

（一）有固定生产经营场所的纳税人，应当向其机构所在地或者居住地主管税务机关申报纳税。总机构和分支机构不在同一县（市）的，应当分别向各自所在地的主管税务机关申报纳税；经省级以上财政、税务主管部门批准，可以由总机构汇总向总机构所在地的主管税务机关申报纳税。

（二）无固定生产经营场所的纳税人，应当向其应税交易发生地主管税务机关申报纳税；未申报纳税的，由其机构所在地或者居住地主管税务机关补征税款。

（三）自然人销售或者租赁不动产，转让自然资源使用权，提供建筑服务，应当向不动产所在地、自然资源所在地、建筑服务发生地主管税务机关申报纳税。

（四）进口货物的纳税人，应当按照海关规定的地点申报纳税。

（五）扣缴义务人，应当向其机构所在地或者居住地主管税务机关申报缴纳扣缴的税款；机构所在地或者居住地在境外的，应当向应税交易发生地主管税务机关申报缴纳扣缴的税款。

第三十条　增值税的计税期间分别为十日、十五日、一个月或者一个季度。纳税人的具体计税期间，由主管税务机关根据纳税人应纳税额的大小分别核定。不经常发生应税交易的纳税人，可以按次纳税。

纳税人以一个月或者一个季度为一个计税期间的，自期满之日起十五日内申报纳税；以十日或者十五日为一个计税期间的，自次月一日起十五日内申报纳税。

扣缴义务人解缴税款的计税期间和申报纳税期限，依照前两款规定执行。

纳税人进口货物，应当按照海关规定的期限申报并缴纳税款。

第三十一条 纳税人以十日或者十五日为一个计税期间的，应当自期满之日起五日内预缴税款。

法律、行政法规对纳税人预缴税款另有规定的，从其规定。

第三十二条 增值税由税务机关征收，进口货物的增值税由海关代征。

海关应当将代征增值税和货物出口报关的信息提供给税务机关。

个人携带或者寄递进境物品增值税的计征办法由国务院制定，报全国人民代表大会常务委员会备案。

第三十三条 纳税人出口货物或者跨境销售服务、无形资产，适用零税率的，应当向主管税务机关申报办理退（免）税。出口退（免）税的具体办法，由国务院制定。

第三十四条 纳税人应当依法开具和使用增值税发票。增值税发票包括纸质发票和电子发票。电子发票与纸质发票具有同等法律效力。

国家积极推广使用电子发票。

第三十五条 税务机关与工业和信息化、公安、海关、市场监督管理、人民银行、金融监督管理等部门建立增值税涉税信息共享机制和工作配合机制。

有关部门应当依照法律、行政法规，在各自职责范围内，支持、协助税务机关开展增值税征收管理。

第三十六条 增值税的征收管理依照本法和《中华人民共和国税收征收管理法》的规定执行。

第三十七条 纳税人、扣缴义务人、税务机关及其工作人员违反本法规定的,依照《中华人民共和国税收征收管理法》和有关法律、行政法规的规定追究法律责任。

第六章 附 则

第三十八条 本法自 2026 年 1 月 1 日起施行。《中华人民共和国增值税暂行条例》同时废止。

关于《中华人民共和国增值税法（草案）》的说明

——2022年12月27日在第十三届全国人民代表大会常务委员会第三十八次会议上

财政部部长 刘 昆

委员长、各位副委员长、秘书长、各位委员：

我受国务院委托，现对《中华人民共和国增值税法（草案）》作说明。

1993年12月，国务院发布《中华人民共和国增值税暂行条例》（以下简称《增值税暂行条例》），规定在中华人民共和国境内销售货物或者提供加工、修理修配劳务以及进口货物的单位和个人应当缴纳增值税。2008年，国务院对《增值税暂行条例》作了修订。党的十八大以来，按照党中央、国务院决策部署，深化增值税改革作为实施更大规模减税降费的制度性举措，各项改革工作扎实推进。2016年5月，营业税改征增值税试点全面推开，在此基础上，2017年11月国务院废止了《中华人民共和国营业税暂行条例》，并对《增值税暂行条例》作了部分修改。随着调整增值税税率水平、健全增值税抵扣链条、建立增值税期末留抵退税制度等一系列措施实施，减税降费成果进一步巩固和扩大，改革实现了确保制造业税负明显降低、确保建筑业和交通运输业等行业税负有所降低、确保其他行业税负只减不增的目标，基本建立了现代增值税制度。目前，增值税是我国第一大税种，2021年全国增值税收入61982亿元，占全国税收收入的36%。按照国务院规定，增值税属于中央与地方共享税，收入实行中央与地方"五五分享"。

《中共中央关于全面深化改革若干重大问题的决定》提出"落实税收法定原则"，提请全国人大常委会审议增值税法草案已列入国务院2022年度立法工作计划。为贯彻落实党中央、国务院决策部署，推动完善税收法律制度，财政部、税务总局在广泛调研、听取各有关方面意见并向社会公开征求意见基础上，起草了《中华人民共和国增值税法（送审稿）》。司法部充分征求各方面意见，会同财政部、税务总局修改形成了《中华人民共和国增值税法（草案）》（以下简称草案）。草案已经国务院常务会议讨论通过。现说明如下：

一、立法的总体思路

从近年实际情况看，增值税税制要素基本合理，运行比较平稳。制定增值税法，总体上按照税制平移的思路，保持现行税制框架和税负水平基本不变，将《增值税暂行条例》和有关政策规定上升为法律。同时，根据实际情况对部分内容作了必要调整。

二、草案的主要内容

草案共6章36条，主要规定了以下内容：

（一）纳税人和征税范围。在中华人民共和国境内销售货物、服务、无形资产、不动产，以及进口货物的单位和个人为增值税的纳税人。销售货物、服务、无形资产、不动产，是指有偿转让货物、不动产的所有权，有偿提供服务，有偿转让无形资产的所有权或者使用权。（第一条）增值税为价外税，应税交易的销售额不包括增值税税额。（第六条）

（二）税率。维持现行13%、9%、6%三档税率不变。一是销售货物、加工修理修配服务、有形动产租赁服务，进口货物，除另有规定外，税率为13%；二是销售交通运输、邮政、基础电信、建筑、不动产租赁服务，销售不动产，转让土地使用权，销售或者进口农产品等货物，除另有规定外，税率为9%；三是销售其他服务、无形资产，税率为6%。同时规定，出口货物以及境内单位和个人跨境销售国务院规定范围内的服务、

无形资产，税率为零。(第七条)小规模纳税人等适用简易计税方法的征收率为3%。(第八条)

(三)应纳税额。按照一般计税方法计算的应纳税额，为当期销项税额抵扣当期进项税额后的余额；按照简易计税方法计算的应纳税额，为当期销售额乘以征收率；进口货物，按照组成计税价格乘以适用税率计算缴纳增值税。(第九条)当期进项税额大于当期销项税额的部分，可以结转下期继续抵扣或者予以退还。(第十六条)

(四)税收优惠。维持现行税收优惠项目不变，并规定免税项目具体标准由国务院规定。应税交易的销售额未达到国务院规定的增值税起征点的，免征增值税。(第二十一条、第二十二条)同时规定，根据国民经济和社会发展的需要，国务院可以制定增值税专项优惠政策，报全国人大常委会备案。(第二十三条)

(五)征收管理。增值税由税务机关征收，进口货物的增值税由海关代征。(第三十条)纳税人应当依法开具和使用增值税发票，电子发票与纸质发票具有同等法律效力。(第三十二条)此外，还对增值税的纳税义务发生时间、纳税地点、计税期间、扣缴义务人、涉税信息共享等税收征管事项作了规定。(第五章)

草案和以上说明是否妥当，请审议。

全国人民代表大会宪法和法律委员会关于《中华人民共和国增值税法(草案)》修改情况的汇报

全国人民代表大会常务委员会：

　　增值税是我国第一大税种，约占全国税收收入的30%左右。按照党中央关于"落实税收法定原则"的改革部署，根据全国人大常委会立法规划计划安排，国务院有关部门研究起草了增值税法草案，由国务院提请全国人大常委会审议。草案总体上按照税制平移的思路，保持现行税制框架和税负水平基本不变，将增值税暂行条例和有关政策规定上升为法律，主要对征税范围、纳税人、税率、应纳税额、税收优惠和征收管理作了规定。2022年12月，十三届全国人大常委会第二十八次会议对草案进行了初次审议。会后，法制工作委员会将草案印发各省（区、市）和部分较大的市人大、中央有关部门以及部分基层立法联系点、全国人大代表、研究机构等征求意见，在中国人大网全文公布草案征求社会公众意见。宪法和法律委员会、财政经济委员会、法制工作委员会、预算工作委员会联合召开座谈会，听取中央有关部门、全国人大代表、协会、企业、专家学者对草案的意见。宪法和法律委员会、法制工作委员会到上海、江苏、河北等地调研，听取意见；并就草案的有关问题同有关方面交换意见，共同研究。宪法和法律委员会于7月26日召开会议，根据常委会组成人员审议意见和各方面的意见，对草案进行了逐条审议。财政经济委员会、预算工作委员会、司法部、财政部、国家税务总局有关负责同志列席了会议。8月23日，宪法和法律委员会召开会议，再次进行了审议。现将增值税法草案主要问题修改情况汇报如下：

一、有的常委委员提出，为突出增值税价外税的特点，建议在交易凭证上单独列明增值税税额。宪法和法律委员会经研究，建议增加规定：增值税税额，应当按照国务院的规定在交易凭证上单独列明。

二、有的常委会组成人员建议，进一步明确简易计税的适用范围，细化完善相关规定。宪法和法律委员会经研究，建议将草案相关规定修改为：小规模纳税人以及符合国务院规定的纳税人，可以按照销售额和征收率计算应纳税额的简易计税方法，计算缴纳增值税。

三、有的常委会组成人员、地方和单位建议，将现行的小规模纳税人有关政策规定上升为法律，充实完善相关制度。宪法和法律委员会经研究，建议作以下修改：一是明确小规模纳税人的标准，年应征增值税销售额未超过五百万元的纳税人，为小规模纳税人；二是增加规定，小规模纳税人会计核算健全、能够提供准确税务资料的，可以向主管税务机关办理登记，按照一般计税方法计算缴纳增值税；三是增加规定，根据国民经济和社会发展的需要，国务院可以对小规模纳税人的标准作出调整，报全国人民代表大会常务委员会备案。

四、草案第十六条对留抵税额的两种处理方式作了规定。有的常委会组成人员、地方和专家学者建议，明确规定纳税人有权自主选择留抵税额的处理方式。宪法和法律委员会经研究，建议将相关规定修改为：当期进项税额大于当期销项税额的部分，纳税人可以选择结转下期继续抵扣或者申请退还。具体办法由国务院规定。

五、有的常委委员、地方和专家学者提出，草案授权国务院根据国民经济和社会发展需要制定增值税专项优惠政策，但未明确相关范围和要求，建议增加。宪法和法律委员会经研究，建议将相关规定修改为：根据国民经济和社会发展的需要，国务院对支持小微企业发展、扶持重点产业、鼓励创业就业等情形可以制定增值税专项优惠政策，报全国人民代表大会常务委员会备案。

六、有的常委会组成人员、地方、专家学者、社会公众建议，按照立法法的规定和税收法定原则的要求，进一步规范相关税收立法授权条款；有的提出，在规范税收立法授权的同时，也要为国务院根据经济社会发展需要相机调控留出适当空间。宪法和法律委员会经研究，建议将草案第四条（视同应税交易的兜底情形认定）、第十二条（按照差额计算销售额的特殊情况）、第十六条第二款（扣税凭证范围认定）、第十七条（不得抵扣的进项税额的兜底情形认定）、第二十九条（税款预缴的具体办法）、第三十一条（出口退免税的具体办法）等条款中对国务院财政、税务主管部门的授权性规定，调整或者明确为依照法律、行政法规或者国务院的规定确定。

此外，还对草案作了一些文字修改。

草案二次审议稿已按上述意见作了修改，宪法和法律委员会建议提请本次常委会会议继续审议。

草案二次审议稿和以上汇报是否妥当，请审议。

全国人民代表大会宪法和法律委员会
2023 年 8 月 28 日

全国人民代表大会宪法和法律委员会关于《中华人民共和国增值税法(草案)》审议结果的报告

全国人民代表大会常务委员会：

常委会第五次会议对增值税法草案进行了二次审议。会后，法制工作委员会在中国人大网全文公布草案二次审议稿，征求社会公众意见。宪法和法律委员会、法制工作委员会到广东调研，听取有关部门、企业等方面的意见。贯彻落实党的二十届三中全会决定关于"全面落实税收法定原则，规范税收优惠政策"等决策部署，国务院方面对增值税的税制要素、全面清理规范增值税优惠政策等问题进行了研究，对进一步完善增值税法草案提出了相关建议。宪法和法律委员会、法制工作委员会就草案有关问题同有关方面交换意见，共同研究。宪法和法律委员会于11月25日召开会议，根据常委会组成人员的审议意见和各方面的意见，对草案进行了逐条审议。财政经济委员会、预算工作委员会、司法部、财政部、国家税务总局有关负责同志列席了会议。12月16日，宪法和法律委员会召开会议，再次进行了审议。宪法和法律委员会认为，草案经过两次审议修改，已经比较成熟。同时，提出以下主要修改意见：

一、有的常委委员建议，按照党的二十届三中全会决定关于"全面落实税收法定原则，规范税收优惠政策"的要求，进一步减少草案中的立法授权条款，完善税收优惠规定。宪法和法律委员会经同有关方面研究，建议删去草案二次审议稿中关于授权国务院规定视同应税交易的兜底情形、按照简易方法计税的特殊情形、按照差额计算销售额的特殊情形、放弃增值税优惠后不得享受该项优惠的期限、纳税人进行汇总纳税的审批机关等内容，改由在法律中直接作出规定，或者经清理规范后纳入税收优惠范围；同时删去个别免税项目。

二、有的意见提出，1993年全国人大常委会通过关于外商投资企业和外国企业适用增值税、消费税、营业税等税收暂行条例的决定，国务院据此对中外合作开采海洋石油、天然气增值税的计税方法等作了特别规定，建议做好衔接。宪法和法律委员会经研究，建议增加规定：中外合作开采海洋石油、天然气增值税的计税方法等，按照国务院的有关规定执行。

三、有的部门提出，实践中进口货物增值税由海关代征，与关税一并缴纳，建议做好与关税法有关规定的衔接。宪法和法律委员会经研究，建议对进口货物增值税纳税义务发生时间、税款申报缴纳期限的规定作进一步完善。

四、草案二次审议稿第三十一条第三款规定，个人携带或者寄递进境物品增值税的计征办法由国务院制定。根据有关方面的意见，宪法和法律委员会经研究，建议增加报全国人大常委会备案的规定。

此外，还对草案二次审议稿作了一些文字修改。

草案三次审议稿已按上述意见作了修改，宪法和法律委员会建议提请本次常委会会议审议通过。

草案三次审议稿和以上报告是否妥当，请审议。

全国人民代表大会宪法和法律委员会
2024 年 12 月 21 日

全国人民代表大会宪法和法律委员会关于《中华人民共和国增值税法(草案三次审议稿)》修改意见的报告

全国人民代表大会常务委员会:

　　本次常委会会议于12月21日下午对增值税法草案三次审议稿进行了分组审议。普遍认为,草案已经比较成熟,建议进一步修改后,提请本次常委会会议表决通过。同时,有些常委会组成人员和列席人员还提出了一些修改意见和建议。宪法和法律委员会于12月22日下午召开会议,逐条研究了常委会组成人员和列席人员的审议意见,对草案进行统一审议。财政经济委员会、预算工作委员会、司法部、财政部、国家税务总局有关负责同志列席了会议。宪法和法律委员会认为,草案是可行的,同时,提出以下修改意见:

一、有的常委委员建议增加一条，对本法的立法目的作出规定。宪法和法律委员会经研究，建议增加一条，作为第一条，规定：为了健全有利于高质量发展的增值税制度，规范增值税的征收和缴纳，保护纳税人的合法权益，制定本法；同时，对草案三次审议稿第一条、第二条的顺序予以调整。

二、有的常委委员提出，境外单位和个人在境内发生应税交易的，可以委托其境内代理人申报纳税，建议予以明确。宪法和法律委员会经研究，建议采纳这一意见。

三、有的常委委员提出，草案授权国务院规定增值税起征点，应当报全国人大常委会备案。宪法和法律委员会经研究，建议采纳这一意见。

四、有的常委委员建议，在国务院制定专项优惠政策的情形中增加"公益事业捐赠"。宪法和法律委员会经研究，建议采纳这一意见。

五、有的常委会组成人员建议，根据党的二十届三中全会有关改革部署，在草案中增加清理规范增值税优惠政策的内容。宪法和法律委员会经研究，建议增加规定：国务院应当对增值税优惠政策适时开展评估、调整。

一些常委会组成人员还对做好本法实施工作、进一步深化增值税改革等提出了很好的意见建议。宪法和法律委员会研究认为，党的二十届三中全会对优化税制结构、规范税收优惠政策、完善增值税留抵退税政策和抵扣链条等作出部署。国务院有关部门要抓紧制定本法配套规定，清理规范增值税优惠政策，加强法律的宣传解读，保证本法有效实施；同时，要按照党中央关于全面落实税收法定原则，健全有利于高质量发展、社会公平、市场统一的税收制度的要求，研究推进进一步深化增值税改革，涉及修改法律的，及时提出相关建议。

经与有关部门研究，建议将本法的施行时间确定为2026年1月1日。

此外，根据常委会组成人员的审议意见，还对草案三次审议稿作了一些文字修改。

草案修改稿已按上述意见作了修改，宪法和法律委员会建议提请本次常委会会议审议通过。

草案修改稿和以上报告是否妥当，请审议。

全国人民代表大会宪法和法律委员会
2024年12月24日